Pour l'édition originale publiée au Japon en 2006 par Riron-sha Co., Ltd.
sous le titre *Riryuru Ojisan*

Les droits de traduction ont été acquis via le Japan Foreign-Rights Center

Pour l'édition française

Adaptation française : Seuil jeunesse
Dépôt légal : septembre 2007
ISBN : 978-2-02-096188-2
N° 96188-1
Loi 49-956 du 16 juillet 1949 sur les publications destinées à la jeunesse

Imprimé en France

www.seuil.com

Sophie et le relieur

Hideko Ise

Un matin, alors que les toits de Paris baignaient déjà dans la lumière,

Sophie ignorait que cette journée serait très particulière.

Oh ! Mon livre !
Toutes ses pages se détachent.

Qui pourrait le réparer ?

Bien sûr, il y a d’autres livres sur les arbres en librairie. Mais, moi, j’aime trop celui-là !

LA POSTE
4,5%
P

La bouquiniste lui conseille d'aller voir un relieur à deux pas de là.

CAFE
BRASSERIE

PRESS

C’est bizarre,
je ne savais pas
que le relieur c’est celui
qui soigne les livres.

Sur la place Furstenberg, Sophie hésita.

HOTEL
Cafe
Restaurant

HOTEL

Après s'être un peu égarée, elle repéra de vieux livres dans une vitrine.

Relieur

Elle est toujours là cette petite…

Que veux-tu, petite ?
Tu as un livre à réparer ? Entre.

– Oh, là, là ! Quel désordre !
Il y a des papiers partout !

– Tu sais, petite,
j'ai besoin de beaucoup
de papiers différents
pour réparer les livres.

– Vu l'état de ton livre,
je vois que tu l'aimes vraiment
et que tu t'en es souvent servi.

– J'aime surtout les arbres.
J'ai appris plein de choses dans ce livre.

– Regarde, on va d'abord découdre ce qui reste de l'ancienne reliure du livre. C'est ce qu'on appelle le « débrochage ». Après les réparations, je le recoudrai. Sais-tu que le mot « relieur » vient du mot « relier » ?

– Monsieur, vous aimez les robiniers ?

– Cette couverture a fait son temps. On va la remplacer.

– Vous aimez le miel de robinier ? C'est tellement délicieux !

– Maintenant, je vais couper le bord des pages avec cette machine pour les égaliser. C’est le « rognage ».

Les livres qui partent en lambeaux, on les recoud délicatement avec du fil de lin. C'est la « couture ».

– Ah, oui ! Il y a plein de fils et de ficelles, ici.

– Ah ! J'ai compris. Vous mettez de la colle pour réparer le livre. Mais vous avez oublié la page où est dessiné mon robinier !

– Bien sûr que non, je ne l'ai pas oubliée. Ne t'inquiète pas, va. Je ne vais pas la jeter.

Ensuite, je tape avec un marteau pour façonner le dos du livre. C'est l'« endossure ».
Eh, ne touche pas à ça ! Tu vas te coincer les doigts.

– Vous avez déjà fait du rangement dans votre atelier ?

– Tu sais, je sais parfaitement où se trouvent les choses. Tu vois, par exemple, le carton pour la couverture est ici.

– Vous saviez que les feuilles
des robiniers se ferment pendant la nuit ?

– Ne reste pas si près petite. C’est dangereux.
Je risque de me couper les doigts avec le massicot.

Puis, le relieur se concentra.

Alors qu'il restait silencieux, ses mains ne cessaient de travailler.

Doublage des cartons.

Sans cette procédure,
les couvertures vont gauchir.

Presse de mousseline à coller au dos.

Collage des papiers.

Séchage. Taille de la carte à dos, taille de la peau puis parure.

– Le livre est réparé ?

– Ah, non. Il nous faut attendre une journée.

– Une journée ? Si longtemps ?

– J’ai bien d’autres choses à faire pendant ce temps.
Par exemple, choisir la peau et le papier pour la couverture.

– J’adore cette couleur : c’est la couleur de la forêt.

– Maintenant, je dois affiner l'envers de la peau avec ce couteau. Il faut qu'elle soit bien amincie à certains endroits. C'est la « parure ». C'est une étape très délicate qui demande un tour de main long à acquérir.

– Vos mains sont noueuses comme un vieux robinier. Oh, quelle poussière !

– À vrai dire, à manipuler des peaux et des papiers, l'atelier est poussiéreux.

– Allez, on va s'arrêter là pour aujourd'hui.
Est-ce que ta mère sait que tu es là ?
– Oui, j'ai l'autorisation.
– Viens, on va manger un sandwich au parc à côté.

– C'est qui ? C'est vous, lorsque vous étiez jeune ?

– Non, c'est mon père. Il était relieur lui aussi.

Tu vois ce bâtiment blanc en face du jardin ?
Mon père et moi y avons eu notre atelier au deuxième étage.

– Toi qui aimes les robiniers, regarde celui-ci.
Il doit avoir au moins quatre cents ans.
Il est aussi vieux que le métier de relieur.

– Vous aussi vous avez quatre cents ans ?

C’est la première fois
que je vois un robinier
aussi grand.
Il a toujours été là ?

Quand je serai grande,
je voudrais voyager partout
dans le monde pour voir
des arbres.

– Bon, je vais retourner à mon travail.
Je vais essayer de finir de relier ton livre pour demain.

– Je ne t'ai pas demandé ton nom. – Je m'appelle Sophie. Et vous ? – Le relieur.

Mon père disait souvent : « Tu deviendras aussi grand que ce robinier. »

Un relieur manuel doit être très habile de ses mains.
C'est avec les mains que l'on sent la tension du fil,
la souplesse de la peau, la qualité du papier.
Dans les livres, il y a plein de connaissances importantes,
plein de poésie, d'art et d'histoire.

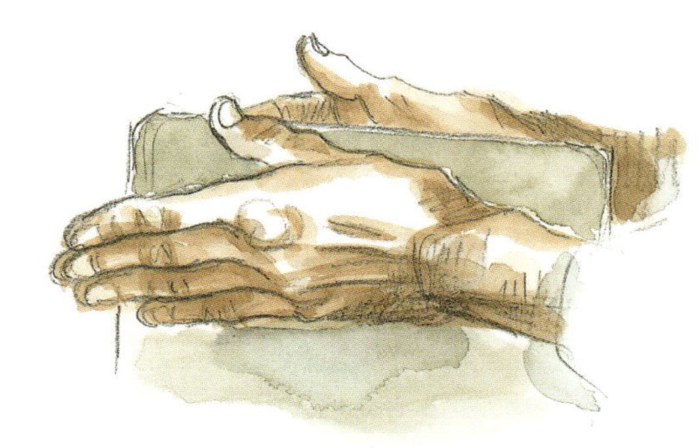

Si on me demande pourquoi je continue ce travail,
je pourrais dire que je travaille pour que l'on n'oublie
pas toutes ces histoires écrites par les gens à travers
le temps, et les transmettre aux générations futures.
C'est un peu ça le métier de relieur.

Il y a entre cinquante et soixante étapes
différentes pour relier un livre.
La dernière étape consiste à pousser
le titre sur le dos du livre et à exécuter
l'éventuelle décoration. Un vrai relieur
doit maîtriser toutes ces étapes.

« Ne cherche pas à faire connaître ton nom. Pense à avoir des bonnes mains. »

Chaque livre revit après avoir été restauré. « Tes mains sont magiques, Papa ! »

Mes mains sont-elles magiques ?

Il y a de nouveaux bourgeons sur le petit arbre. Le livre est-il prêt ?

C'est mon livre !

Le titre a changé ! *Les Arbres de Sophie,* inscrit en lettres d'or.
Et le dessin du robinier est en couverture.

Vous avez mis le papier vert, couleur de la forêt,
sur le revers de la couverture !

Mon livre m'apprend tout.

J'ai aussi un cadeau pour vous :
c'est une pousse de robinier.

Mon livre rien qu'à moi.

Merci, monsieur le relieur !

Depuis lors, le livre relié par le relieur ne s'est jamais abîmé. Je suis devenue botaniste.